Operaciones básicas de cocina

Guía para el docente y solucionarios

Editado por: IC Editorial
c/ Cueva de Viera, 2, Local 3
Centro Negocios CADI
29200 Antequera (Málaga)
Teléfono: 952 70 60 04
Fax: 952 84 55 03
Correo electrónico: iceditorial@iceditorial.com
Internet: www.iceditorial.com

**Guía para el docente y solucionarios:
Operaciones básicas de cocina**

1ª Edición

© IC Editorial, 2024

ISBN: 978-84-1184-368-3
Depósito Legal: MA 2203-2024

Impresión: PODiPrint
Impreso en Andalucía - España

Nota de la editorial: IC Editorial pertenece a Innovación y Cualificación S. L.

Índice

Guía para el docente: técnicas de enseñanza y aprendizaje

Contenido

1. Introducción

El presente capítulo está destinado a ofrecer al cuerpo docente responsable de la enseñanza del programa de cualificaciones profesionales y certificados de profesionalidad, una guía metodológica para obtener el máximo rendimiento de los contenidos formativos que han sido desarrollados para el presente título.

La mejora de las habilidades comunicativas y la aplicación de una metodología contrastada de enseñanza, aprendizaje y evaluación permitirá transmitir el conocimiento y adquirir el programa formativo de la forma más efectiva y práctica posible.

Estudiaremos cuáles son los principales elementos que forman parte de la comunicación profesor-alumno, a través de una cuidada selección de sistemas de planificación de estrategias didácticas, así como la utilización de medios y recursos didácticos.

La integración de todas las actividades planificadas alrededor de un plan de formación adaptado e individualizado, aumentará además la satisfacción del alumnado por la utilización de un sistema no lineal e interactivo que se retroalimenta gracias a la relación establecida entre la propia metodología y los actores que forman parte de la enseñanza.

2. El programa de formación

Una de las claves del éxito de la mayoría de las actividades que se realizan en general, y concretamente en la formación, es la **programación.** Es necesaria la programación de las acciones formativas, para que así se pueda alcanzar el objetivo final, es decir, que el alumno obtenga una buena capacitación y adquiera nuevos conocimientos en su repertorio y que, después, sea capaz de emplearlos en su trabajo.

2.1. Definición de programación

Cuando se habla de **programación,** se pueden encontrar multitud de definiciones. Para sintetizar, se podría definir como la actividad de enunciar lo que se quiere hacer (objetivos, contenidos, métodos, temporalización, medios y recursos didácticos y evaluación).

 **DEFINICIÓN**

Programación
Es un plan donde se establecen las acciones que se van a realizar en un proceso de enseñanza-aprendizaje, por medio de un formador o un equipo.

A continuación, se va a describir una serie de características que tiene que tener una programación didáctica:

- Dinámica. Una programación no es estática ni está acabada, siempre está en constante revisión, de ahí su dinamismo. Además va cambiando o evolucionando según los resultados de la evaluación continua que se va realizando durante la ejecución de la acción.
- Flexible. Esta característica permite que se puedan hacer cambios, ampliaciones, reducciones y actualizaciones de los contenidos y actividades programadas, según las necesidades que se observen.
- Creativa. La programación como es un diseño propio y exclusivo, exige creatividad y originalidad. El docente es el que decide sobre el quehacer en el aula teniendo en cuenta las características del grupo, las necesidades que se pretenden satisfacer y las propias posibilidades.
- Prospectiva. La programación consiste en hacer un pronóstico de la interacción que se va a producir en el aula.

- ⮑ Sistemática. La programación es un proceso sistematizador que da coherencia a la acción formativa, ya que tiene en cuenta todos los elementos (objetivos, contenidos, métodos, temporalización, medios y recursos pedagógicos y evaluación) que intervienen en el acto educativo y analiza sus relaciones.
- ⮑ Integradora. Permite integrar elementos de cualificación técnico-profesionales con elementos de cualificación personal de alumnado.
- ⮑ Funcional. Toda programación debe basarse en el perfil profesional de la ocupación y estructurar los contenidos formativos que proporcionan las competencias de ésta.

2.2. Elementos de la programación

Antes de empezar cualquier programación formativa, es necesario tener en cuenta los datos obtenidos del análisis de la ocupación y del grupo al que se dirige la acción formativa. A partir de esta información, se determinan los elementos que van a conformar la programación.

Cuando se realiza la programación de un curso, hay que plantearse previamente las siguientes preguntas:

1. ¿Qué quiero conseguir con la formación?	**OBJETIVOS**
2. ¿Qué conocimientos deben asimilar los alumnos para alcanzar los objetivos propuestos?	**CONTENIDOS DEL CURSO**
3. ¿Cómo trabajamos en el aula? ¿Qué actividades son las que realizamos?	**MÉTODOS DE ENSEÑANZA**
4. ¿Cuánto tiempo tengo y cuánto dedico a cada módulo?	**TEMPORALIZACIÓN**
5. ¿Qué medios y recursos didácticos se necesitan para poder llevar a cabo esas actividades?	**MEDIOS Y RECURSOS DIDÁCTICOS**
6. ¿Cómo sabemos que se ha producido el aprendizaje?	**EVALUACIÓN**

3. Factores determinantes de la efectividad de la comunicación en el proceso de enseñanza-aprendizaje

En toda comunicación que se produzca en el proceso de enseñanza-aprendizaje, existen factores determinantes que obstaculizan o refuerzan este proceso.

3.1. Obstáculos de la comunicación

Relacionados con el emisor

- ⮑ No expresar de forma clara qué mensaje se quiere transmitir.
- ⮑ Comentar algo a lo largo de la explicación que no sea lo correcto y pueda resultar desagradable.
- ⮑ Cambiar el tema de conversación.
- ⮑ Desviarse del tema que se está tratando.
- ⮑ No mirar al receptor cuando se quiere expresar algo.
- ⮑ No estar atento a las señales que emite el receptor.
- ⮑ Expresar alguna idea a través de los gestos que no se corresponda con la idea a comunicar.

Relacionados con el receptor

- ⮑ No comprender las ideas que quiere expresar el emisor.
- ⮑ No pedir explicación al emisor de aquella información que no le haya quedado clara.
- ⮑ Interrumpir al emisor cuando está hablando.
- ⮑ Captar algo diferente a lo que el emisor desea transmitir.

Relacionados con el mensaje

- ⮑ Mensaje confuso.
- ⮑ Mensaje muy corto.

- Mensaje muy extenso.
- Abuso de muletillas.
- Utilización de frases sin terminar.
- Dar "rodeos" para decir la idea principal.

Relacionados con el contexto

- No ser el momento adecuado para transmitir algo.
- No saber escoger el lugar oportuno.
- La presencia de ruidos y de interferencias.
- No pensar en las personas que están cerca.

Relacionados con el código

- No utilizar el mismo código que la persona con la que se habla o a la que se escucha.
- No adaptar el vocabulario a la situación o a la persona con la que se conversa.
- Utilizar el doble sentido.

3.2. Sugerencias para el mejor funcionamiento de la comunicación

Emisor

- Acostumbrarse a planificar la comunicación.
- Concretar visiblemente los objetivos.
- Buscar la retroalimentación en la comunicación.
- No tratar de impresionar al receptor.

Mensaje

- Que sea claramente entendido por el receptor.
- Que la terminología usada sea de referencia común.
- Que reclame la atención y el interés del alumnado.
- Que sea sencillo de interpretar.

⮞ Que su contenido sea adecuado y convincente.

⮞ Que produzca el máximo efecto posible.

_____

Canal

⮞ Que sea el más apropiado al grupo al que se dirige, al contenido del mensaje y al objetivo que persigue el formador.

⮞ Que sea el que cause mayor impacto en el receptor.

⮞ Que sea el más eficaz.

⮞ Que sea el que mejor domine el formador.

4. La comunicación verbal y no verbal en el proceso instructivo

Los medios de comunicación pueden agruparse en dos grandes bloques: los **medios verbales,** que son aquellos que usan la lengua como código compartido; y los **medios no verbales,** que son los que se fundamentan en otros códigos simbólicos. A su vez, dentro de los medios verbales, están el medio escrito y el medio oral.

Cada uno de estos medios tiene sus ventajas y sus inconvenientes, por lo que la selección del medio deberá tener en cuenta las circunstancias y características que en cada caso presenta el comunicador, la audiencia y el mensaje que se ha de transmitir.

4.1. Los medios verbales

La comunicación verbal

La comunicación verbal se utiliza para comunicar ideas o dar información, opiniones, expresar o describir sentimientos, etc. Sirve de vehículo a los contenidos explícitos del mensaje. Para garantizar la efectividad de la comunicación, es necesario que el mensaje se presente de forma descriptiva y operativa, pero siempre teniendo muy en cuenta el código común del grupo al que va dirigida esta comunicación.

Un uso correcto del lenguaje oral ayuda a acercarse más a los alumnos. Los principales aspectos a considerar son los que aparecen a continuación.

Construcciones gramaticales

El objetivo será transmitir el mensaje de la manera más clara posible. Se deben evitar los giros rebuscados, la sintaxis complicada y las metáforas. En las explicaciones y conversaciones debe primar el contenido sobre la forma.

Vocabulario

Es importante saber qué palabras van a expresar mejor los conceptos que se desean transmitir y las que pueden ser comprendidas mejor por los alumnos. El análisis previo de los alumnos ayuda a saber qué términos técnicos se pueden utilizar sin problemas, cuáles se tienen que explicar y cuáles se deben evitar.

En general, siempre hay que mantenerse dentro de un lenguaje formal, evitando los vocablos demasiado coloquiales, las palabras extranjeras, las referencias académicas y expresiones de carácter religioso, político, deportivo o cultural, que pueden resultar agresivas para los alumnos.

Ejemplos

Los conceptos abstractos que pueden aparecer y que dificultan la adquisición de los contenidos, tienen que ser expresados mediante las explicaciones del formador, siempre apoyándose en la visualización.

La comunicación escrita

La comunicación escrita posee un carácter más veraz que la oral. La interacción que tiene lugar entre el emisor y el receptor no es inmediata, en algunas ocasiones no llega a producirse jamás. Este tipo de comunicación ofrece más oportunidades expresivas y mayor complejidad gramatical, sintáctica y léxica. También hay que tener en cuenta que a veces dificulta la expresión y/o puede no proporcionar *feedback* de manera inmediata.

4.2. Los medios no verbales

Al igual que las palabras, los elementos de la comunicación no verbal son signos que representan una idea (se excluyen todos los signos lingüísticos).

A diferencia de la comunicación verbal, su función no se centra sólo en la transmisión de contenido, sino que traspasa esa frontera para expresar también las emociones del emisor, controlar la interacción y proporcionar *feedback* del efecto que el mensaje produce en el receptor. Todas estas funciones son muy útiles para el formador, tanto en su tarea de transmisor de conocimientos como en la tarea de motivar y dirigir al grupo.

A continuación, se detallan las diferentes categorías en las que se agrupan los elementos de la comunicación no verbal.

Kinesia

Posturas

Una de las primeras cosas que el formador debe transmitir a sus alumnos es confianza y seguridad, lo que puede conseguirse a través de una postura erguida (sin llegar a ser arrogante), de pie, apoyándose sobre los dos pies y manteniendo la cabeza alta.

Esta postura es útil, especialmente durante la presentación del curso, porque ayuda a relajar el cuerpo, a facilitar la respiración y a controlar las muestras de nerviosismo, al tener un buen apoyo en el suelo.

A medida que avanza el curso, se pueden adoptar otras posturas que faciliten el descanso (apoyarse), el acercamiento (echar el cuerpo hacia delante) o que resten protagonismo (sentarse).

Gestos

Los gestos son un buen aliado del formador, excepto cuando éste se siente incómodo o nervioso. Gestos de carácter adaptador, como rascarse o colocarse la ropa, pueden delatar su estado emocional.

La mayoría de los gestos cumplen la función de reforzar el mensaje verbal (ilustradores), aunque existen otros cuya función es regular las intervenciones cuando se dirige una discusión de grupo.

Expresiones faciales

Las expresiones de la cara transmiten las emociones y permiten obtener fácilmente una respuesta del alumno.

Una expresión facial agradable, como una sonrisa no forzada, facilita la creación de un ambiente relajado en el aula. Una sonrisa puede ser muy útil también para romper la tensión que inevitablemente surge en algunas sesiones.

Mirada

La mirada, junto con la postura, es uno de los mejores métodos para transmitir confianza (en momentos de nerviosismo se tiende a apartar la vista) y para captar la atención de los alumnos.

Mientras el formador habla debe mantener la mirada sobre los alumnos la mayor parte del tiempo, mirándolos el tiempo suficiente como para que se sientan atendidos pero no incómodos. También se puede utilizar la mirada durante las discusiones de grupo, con una función reguladora de las distintas intervenciones.

_____

Desplazamientos

Realizar desplazamientos en el aula capta la atención del alumnado, además de facilitar el contacto visual. Hay que procurar que no sean repetitivos o bruscos (pasear cerca de los alumnos), y cambiar de un recurso a otro (ir de la pizarra al retroproyector), etc.

 **RECUERDE**

Los recursos no verbales que estudia la Kinesia son:

* Posturas.
* Gestos.
* Expresiones faciales.
* Mirada.
* Desplazamientos.

Estos recursos pueden utilizarse tanto para reforzar lo que se expresa mediante la comunicación verbal como para sustituirlo.

_____

Proxémica

El aspecto de la proxémica que más interesa es la proximidad física entre los individuos, ya que los alumnos pueden sentirse violentos si el formador se aproxima excesivamente a ellos o, por el contrario, verle distante si no se acerca.

Se debe prestar atención a este aspecto, tanto durante las intervenciones como al distribuir el espacio del aula que se va a emplear, evitando siempre que los asientos estén demasiado juntos o demasiado separados.

Paralingüística

Para captar la atención del público, los oradores suelen hacer uso de determinados aspectos como el tono de voz o las pausas, que en algunos casos pueden parecer exagerados.

El formador, aunque emplee el método de la lección magistral, no es un orador y, por tanto, no debe prestar especial atención a estos aspectos, excepto cuando le plantean algún problema, debido a la ansiedad, al cansancio o a un mal estado de salud. Practicar en voz alta y realizar grabaciones durante la fase de preparación puede ayudar a vencer estas dificultades.

Volumen

Aunque el aula sea pequeña, se tiene que realizar el esfuerzo de hablar lo suficientemente alto para que todos los alumnos oigan las explicaciones y, a la vez, transmitir confianza. En general, el volumen se ajustará instintivamente cuando se compruebe dónde se sitúa la persona que se encuentra más alejada.

Entonación

El problema más frecuente, especialmente si se está cansado, es la monotonía, que no contribuye a captar la atención ni a motivar a los alumnos.

El interés que el formador muestre por el tema y una correcta preparación le hará destacar los puntos clave y jugar con la entonación de una forma adecuada a lo largo de toda la exposición.

Pronunciación

Los problemas se presentan especialmente cuando se está nervioso o se habla demasiado rápido. Se debe hacer un esfuerzo por articular todas las palabras de manera limpia y clara, abriendo la boca lo suficiente para pronunciar correctamente las sílabas, consonantes y vocales.

Velocidad

Una velocidad correcta puede ayudar a resolver problemas de pronunciación y de entonación. Se debe hablar a una velocidad normal o algo superior, para facilitar el mantenimiento de la atención. No obstante, si se está nervioso, se puede hablar con mayor lentitud para facilitar la respiración y relajarse. También se debe reducir la velocidad cuando se expliquen conceptos técnicos complejos o cuando se espere alguna respuesta por parte de los alumnos.

 **RECUERDE**

Los elementos que trata la Paralingüística son:

- El volumen.
- La entonación.
- La pronunciación.
- La velocidad.

Proyección física

Existen determinados factores que, sin que la persona diga ni haga nada, transmiten información y hacen referencia a la imagen física que esta persona proyecta.

Es fundamental que el formador transmita una imagen positiva para los alumnos. Se debe cuidar el aspecto externo y los artefactos que se usen, como los adornos y prendas de vestir. La manera adecuada de vestir depende de la situación y siempre debe estar en consonancia con lo que cada colectivo de alumnos espera del formador.

 EJEMPLO

Sería negativo vestir pieles para impartir un curso cuyo objetivo fuese desarrollar actitudes positivas hacia la protección del medio ambiente.

En cualquier caso, se debe llevar ropa que resulte cómoda, bien cuidada y no demasiado llamativa. A los adornos y al peinado se aplican las mismas reglas que al vestido.

 IMPORTANTE

Un objetivo fundamental del formador es dirigir la atención de los alumnos hacia el contenido que está desarrollando, nunca hacia su persona.

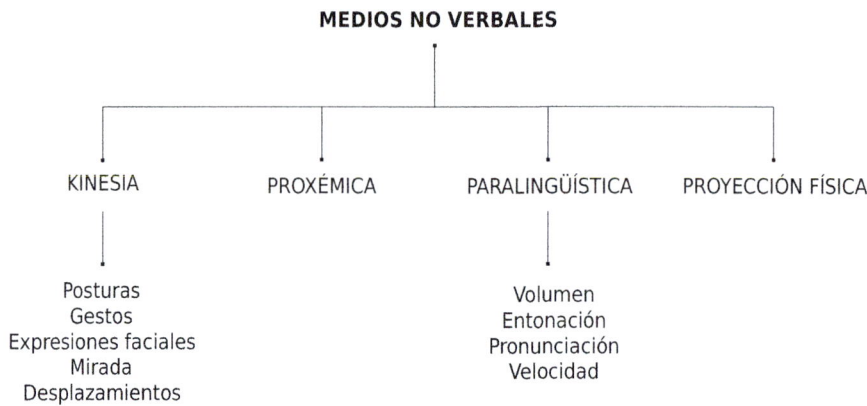

Finalmente, conviene recordar que si el formador observa atentamente la comunicación no verbal que expresan los alumnos, obtendrá una gran cantidad de información.

Hay numerosos signos no verbales que puede mostrar el alumno:

- **Atención:** posturas del cuerpo (inclinado hacia delante, hacia atrás...).
- **Necesidad de hablar:** movimientos sutiles de la boca, de la mano, etc.
- **Irritación:** movimiento de pies, manipulación de objetos sobre la mesa, etc.
- **Concentración:** tomar apuntes, mirar al docente, etc.
- **Cansancio:** cuerpo hundido, suspiros, etc.
- **Inercia:** silencios de todo el grupo, etc.
- **Desinterés:** cerrar el cuaderno, bostezar, mirar al vacío, etc.
- **Sorpresa:** levantar los brazos, abrir la boca, levantar las cejas, abrir los ojos, etc.

Si se observan estos elementos de forma atenta, se podrá obtener información sobre la comprensión del mensaje y el estado emocional de los alumnos, lo que será de gran utilidad para el formador durante el curso.

La comunicación no verbal aporta información al formador sobre los alumnos

5. Técnicas de secuenciación de contenidos

Una vez seleccionados los contenidos, hay que ordenarlos secuencialmente. La **secuenciación y estructuración de los contenidos** es el proceso que permite situarlos en una configuración que produce el máximo aprendizaje en el mínimo tiempo posible.

Algunas de las técnicas para la secuenciación de contenidos son las siguientes:

- Que los contenidos estén de acuerdo con los objetivos propuestos y con los plazos previstos para conseguirlos.
- Empezar por los contenidos más próximos y significativos para el alumno, para llegar poco a poco a lo desconocido. De esta manera, resultará más fácil introducir los nuevos contenidos.
- Ir de lo inmediato a lo remoto.
- Ir de lo concreto a lo abstracto.
- Ir de lo más fácil a lo más difícil. Esto motiva al alumnado porque le va mostrando los avances de manera rápida.

Las principales ventajas que este proceso conlleva son:

- Ayuda al participante a pasar de un conocimiento o habilidad a otro.

○ Garantiza que los conocimientos y habilidades previas son alcanzados antes de introducir elementos nuevos.
○ Reduce el tiempo de formación.
○ Evita la confusión y los fallos en el participante.

Estos puntos son los principales aspectos a tener en cuenta cuando se realiza la presente fase de la programación de la formación, es decir, cuando se fijan los contenidos de la formación.

6. La selección y planificación de estrategias didácticas

Las personas que realizan un curso de formación son diversas, por ello es muy importante que las estrategias didácticas se adapten, de la mejor forma posible, al contexto y permitan una flexibilidad.

 **DEFINICIÓN**

Estrategias didácticas
Son procedimientos que el formador emplea para facilitar el aprendizaje, con la intención de que éste sea significativo.

Tras la selección y estructuración de contenidos, llega el momento de decidir la modalidad de formación a seguir y la metodología a utilizar en su impartición. Pero esta decisión no se puede tomar arbitrariamente, sino que ha de basarse en unos criterios. Los criterios de decisión básicos para determinar qué estrategia y qué método de formación es el adecuado, son:

○ La compatibilidad con los objetivos.
○ Los principios generales del aprendizaje del adulto: individualización, motivación, utilidad, practicidad, intereses, etc.

- ⊃ Los principios de rigor, realismo y participación.
- ⊃ El carácter eminentemente aplicativo de los aprendizajes.
- ⊃ La posibilidad de transferir los aprendizajes al puesto de trabajo.
- ⊃ Los recursos disponibles, incluido el tiempo.
- ⊃ Los factores relacionados con los participantes, como el estilo de aprendizaje, la edad, el tamaño del grupo, la motivación, etc.

Una vez escogido el método, se observa que ninguno es químicamente puro, sino que unos participan de otros. Por lo demás, todo método puede ser adecuado o inadecuado dependiendo del modo en que sea empleado.

Los formadores deben utilizar los métodos flexiblemente, de la forma que mejor se adapten al estilo de formación, a la materia y a los alumnos, complementando cada método con la técnica y recurso didáctico más acorde.

7. La selección y planificación de medios y recursos didácticos

Para realizar cualquier acción formativa, hace falta algo más que elegir y aplicar unos métodos y unas técnicas. Son necesarios los medios y recursos didácticos, que van a ayudar a desarrollar la metodología seleccionada en el aula. Los medios y recursos didácticos permiten el trasvase de información formador-alumno.

 **DEFINICIÓN**

Medios didácticos
Son materiales elaborados para facilitar los procesos de enseñanza-aprendizaje.

Recursos didácticos
Son soportes mediante los cuales se presentan los contenidos del curso a los alumnos.

A la hora de escoger el medio o recurso a utilizar, se deben tener en cuenta los siguientes criterios:

- **Características de la materia o tema.** Dependiendo de la naturaleza de los contenidos, éstos pueden ser transmitidos por unos u otros métodos.
- **Los objetivos del curso.** Toda selección de medios y estrategias de enseñanza deben realizarse en función de éstos.
- **La disposición del aula y el número de alumnos.** Hay que tener cuidado, sobre todo en la visibilidad de alguno de los recursos, porque pueden perder eficacia.
- **Tiempo disponible para la formación.** Este elemento tiene que estar siempre presente, porque, en función del tiempo que se tenga, se elegirá lo que se adapte mejor a las necesidades.
- **Recursos disponibles,** ya que en algunas ocasiones están a nuestro alcance.
- **El uso que se haga de ellos,** cuál es la finalidad, qué es lo que se pretende y en qué momento se van a utilizar.
- **El nivel de conocimiento de los alumnos** sobre el tema.

Todos estos puntos se han de tener en cuenta a la hora de escoger un medio o recurso didáctico. La finalidad de éstos no es otra que la de fundamentar, apoyar y reforzar el acto formativo.

8. La planificación de la evaluación del proceso de enseñanza-aprendizaje

La aplicación de programas de formación lleva a la obtención de unos determinados resultados. Éstos serán los frutos de la formación y mostrarán el grado de eficacia y eficiencia con que se lleva a cabo la función formativa.

Los resultados indican el éxito de la formación mediante su contraste con los objetivos fijados anteriormente. Este procedimiento recibe el nombre de **evaluación,** proceso ampliamente conocido y con trascendencia reconocida para la formación. Según el proceso de evaluación aplicado, los resultados obtenidos serán reales y fiables, o bien, falseados.

Para que los resultados de la evaluación muestren con certeza el grado de éxito alcanzado con la formación, es necesario un requisito previo: el establecimiento de criterios de evaluación durante el proceso de planificación de la formación. Los criterios actúan como puntos de referencia, a partir de los cuales se valoran los resultados obtenidos.

Los criterios de evaluación han de fijarse con mucha atención, ya que determinan el proceso de evaluación, y éste juzga el grado de éxito de la función formativa.

El primer aspecto a tener en cuenta es la validez: los criterios de evaluación han de ser válidos en relación a los elementos del proceso formativo.

Los aspectos que determinan el grado de validez de los criterios de evaluación son:

- La relevancia.
- La no deficiencia.
- La no contaminación.
- Su fiabilidad.

El establecimiento de criterios válidos y fiables permitirá elaborar un proceso de evaluación de la formación que mida rigurosamente la eficacia y la eficiencia de la función formativa.

9. El seguimiento formativo

El seguimiento es un proceso continuo que sirve para evaluar la eficacia del uso de los recursos y para saber qué iniciativas se pueden emprender para mejorar el aprovechamiento de los recursos formativos.

El seguimiento, además de realizarse después de haber finalizado la planificación formativa, también se realiza antes de la acción.

9.1. Características

El seguimiento formativo permite evaluar los distintos componentes (desde los alumnos hasta todos los elementos que forman la programación) que intervienen en él durante todo el proceso de formación.

El seguimiento formativo se diferencia de la evaluación en que éste tiene que ver más con tareas organizativas, de coordinación, administrativas, etc.; sin embargo, la evaluación valora aspectos de los procesos de formación, como pueden ser la comunicación, el aprendizaje de los nuevos conocimientos, etc.

Con la realización adecuada de un seguimiento formativo:

- ➲ Se pueden **descubrir errores o desajustes** en el proceso de enseñanza-aprendizaje antes de que se realice la evaluación final para comprobarlos.
- ➲ Se pueden **corregir los errores** en el momento en el que se están produciendo.
- ➲ Además, **se detectan los aspectos positivos** que tienen lugar a lo largo de todo el proceso y las **posibles mejoras** que se pueden realizar.

El seguimiento formativo tiene que ser realizado por todas las personas que están implicadas en la realización de los cursos de formación (tutores, coordinadores, técnicos, etc.), por ello, el formador es una figura importante en el proceso de formación, ya que se encuentra implicado en él.

El proceso de formación debe estar planificado, pensado y planteado antes de que empiece la acción de formación, nunca debe llevarse a cabo de manera cerrada, sino que tiene que estar abierto a cualquier cambio que se considere necesario.

9.2. Finalidad

Son varias las finalidades que persigue el seguimiento formativo:

- Ayudar a comprender por qué ocurren algunas cosas y qué se puede hacer para intervenir en ese proceso que se está llevando a cabo.
- Identificar y solucionar los problemas que surgen a lo largo del proceso.
- Contribuir para elaborar planes de formación de manera objetiva, sin desviarse de la finalidad éste.
- Colaborar en la disminución y control del uso de los recursos materiales.
- Determinar el nivel que puede alcanzar el rendimiento y relacionarlo con el rendimiento actual.
- Diagnosticar y detectar problemas para llevar a cabo las acciones correctivas pertinentes.

9.3. Planificación

El seguimiento formativo debe planificarse antes y durante la acción formativa.

El objetivo de este seguimiento es comprobar la eficacia de la acción formativa antes de que ésta llegue a su fin, es decir, es necesario que durante este proceso todos los elementos que van a formar parte del aprendizaje estén planificados.

Los dos momentos que hay que tener en cuenta para planificar el seguimiento formativo son:

- **Antes de la acción formativa:** es necesario conocer las necesidades, el perfil del alumno, qué materiales, instrumentos, recursos, medios didácticos se van a usar.
- **Durante la acción formativa:** aquí el seguimiento se utiliza para comprobar los posibles errores y mejoras que se pueden llevar a cabo. Ofrece la posibilidad de poder modificar aquellas acciones o medios que dificultan el avance del aprendizaje.

10. Instrumentos para el seguimiento

A lo largo de un ciclo formativo pueden suceder errores y surgir problemas, esto abarca desde la identificación de necesidades hasta la planificación, el diseño, la implantación y la evaluación. Por todo esto, es importante saber cuál es la causa del problema y saber tomar las medidas oportunas para que no se origine nuevamente.

Para detectar el origen del problema, siempre se necesita una información determinada, ésta sólo se puede obtener mediante técnicas que ayuden a obtenerlas, es decir, que permitan recabar y analizar los datos obtenidos.

Para el seguimiento del proceso de enseñanza-aprendizaje, se pueden confeccionar diferentes tipos de instrumentos de evaluación, como pueden ser los cuestionarios y utilizar la observación directa, etc., si el tipo de formación lo permite (presencial o semipresencial). Estos instrumentos variarán según el tipo de datos que se quiera conseguir.

Un ejemplo de plantilla para recoger y analizar la información podría ser esta:

CURSO:		1º Módulo	2º Módulo	3º Módulo
Objetivos del módulo	Suficiente			
	Insuficiente			
	Adecuado			
	Inadecuado			
Contenidos del módulo	Suficiente			
	Insuficiente			
	Adecuado			
	Inadecuado			

Continúa en página siguiente >>

<< Viene de página anterior

CURSO:		1º Módulo	2º Módulo	3º Módulo
Metodología	Suficiente			
	Insuficiente			
	Adecuado			
	Inadecuado			
Actividades y recursos	Suficiente			
	Insuficiente			
	Adecuado			
	Inadecuado			
Recursos materiales	Suficiente			
	Insuficiente			
	Adecuado			
	Inadecuado			
Recursos humanos	Suficiente			
	Insuficiente			
	Adecuado			
	Inadecuado			
Proceso de evaluación	Suficiente			
	Insuficiente			
	Adecuado			
	Inadecuado			
Nivel de satisfacción del alumnado	Suficiente			
	Insuficiente			
	Adecuado			
	Inadecuado			

Para el seguimiento del aprendizaje, como la información que se obtiene es de diferente índole, se recogerá mediante la aplicación de las técnicas seleccionadas y elaboradas para la evaluación de cada uno de los aspectos planteados (observación directa de los trabajos, participación, cuestionarios acerca de la motivación y satisfacción del alumnado, etc.).

<< Viene de página anterior

Por ejemplo, los contenidos que se podrían incluir en la "parrilla" de análisis son los siguientes:

CURSO	1er Módulo	2º Módulo	3er Módulo
Conceptos (comprende los contenidos conceptuales)	Con facilidad		
	Con normalidad		
	Con dificultad		
Procedimientos (aplica y desarrolla los contenidos procedimentales)	Con facilidad		
	Con normalidad		
	Con dificultad		
Actitudes (manifiesta las actitudes adecuadas a los contenidos)	Con facilidad		
	Con normalidad		
	Con dificultad		
Motivación y participación	Con facilidad		
	Con normalidad		
	Con dificultad		
Satisfacción del alumno	Con facilidad		
	Con normalidad		
	Con dificultad		

Dos de las herramientas básicas son:

- ⮞ **Los diagramas de flujo:** éstos sirven para desglosar en forma de componentes, para presentar una clara imagen de lo que ocurre.
- ⮞ **Los checklists:** éstos son especialmente útiles para garantizar que se han realizado todas las acciones necesarias. Es otro método de ayuda orientado a los formadores y participantes para preparar, utilizar y solucionar los problemas del equipamiento.

Otros métodos de seguimiento y control que pueden ayudar en la formación son:

⊃ Las reuniones formales e informales.
⊃ Pasar un informe de las sesiones, cuestionarios de satisfacción o formularios de evaluación del curso.
⊃ Entrevistas de evaluación.

 **RECUERDE**

Algunos de los instrumentos de seguimiento más utilizados son:

• Cuestionario de satisfacción
• Cuestionario de motivación
• Observación directa
• Reuniones formales e informales
• Entrevistas de evaluación

11. Metodología de la evaluación del diseño de formación

Los métodos empleados en la evaluación siempre suelen son los mismos, independientemente de que se evalúen los objetivos, los contenidos, los recursos, etc. A pesar de esto, hay que tener en cuenta que no se deben utilizar todos los métodos que se van a nombrar, sino que todo dependerá de lo que se esté evaluando.

Los métodos más frecuentes son:

⊃ Observación sistemática.
⊃ Observación mediante observadores externos o internos del grupo.

- Análisis de trabajo.
- Entrevistas personales.
- Situaciones de simulaciones.
- Diálogos, debates.
- Cuestionarios específicos.
- Inventarios.
- Grabaciones en vídeo.
- Etc.

11.1. Evaluación de los objetivos

Cuando se diseña el programa formativo, se deben concretar los objetivos que serán objeto de evaluación al finalizar el curso, para comprobar si éstos se han alcanzado o no.

Los objetivos marcan aquellos aspectos claves que debe adquirir el alumno para alcanzar unas competencias determinadas. Éstos determinarán lo que el alumno será capaz de saber y saber hacer al acabar el curso, en unas condiciones dadas y con unos medios determinados.

Si, al finalizar el curso, se observa que los objetivos no se han cumplido en su totalidad, hay que analizar cuál ha sido la causa de este error y corregirlos. Si se han cumplido los objetivos, habrá que determinar los motivos de éxito, para volver a ponerlos en práctica en futuros cursos.

Los objetivos marcados al inicio de la formación sirven para:

- Dirigir la formación, es decir, saber hacia dónde se quiere llegar con ésta.
- Comprobar qué se ha logrado.
- Facilitar la evaluación, ya que se sabe cuáles son los objetivos que hay que evaluar.
- Reorientar la formación en el mismo momento que se está realizando.
- Elegir los métodos más adecuados para la formación.

La evaluación de los objetivos debe medirse atendiendo a:

○ **Objetivos generales:** son utilizados para saber cuáles son las competencias generales.
○ **Objetivos específicos:** parten de los objetivos generales.
○ **Objetivos operativos:** son derivados de los específicos. Son objetivos más concretos y siempre deben estar relacionados con actividades u operaciones determinadas. Son los más fáciles de medir.

 **EJEMPLO**

Objetivos específicos para evaluar un curso de primeros auxilios:

• Aprender los conceptos básicos y generales de los primeros auxilios.
• Adquirir las habilidades y aplicar los principios de actuación para poder reaccionar adecuadamente en situaciones de urgencia.
• Conocer los aspectos jurídicos relacionados.

11.2. Evaluación de los contenidos

La evaluación de los contenidos se realizará para comprobar si los objetivos que se habían marcado al principio de la formación se han logrado, así como para eliminar aquellos contenidos que no aportan nada al curso.

Se debe tener siempre en cuenta que se puede lograr un mismo objetivo de formación utilizando diversos contenidos.

Para evaluar los contenidos, hay que comprobar si se ha seguido una secuencia lógica a la hora de impartirlos. Esta secuencia permite que los contenidos sean adquiridos por los alumnos de una manera más significativa, es decir, facilita el aprendizaje de los mismos.

Para que la evaluación de los contenidos resulte positiva, éstos deben ir expuestos:

➲ De acuerdo con los objetivos propuestos y con los plazos previstos para conseguirlos.
➲ De lo conocido a lo desconocido.
➲ De lo inmediato a lo remoto.
➲ De lo concreto a lo abstracto.
➲ De lo fácil a lo difícil.

Otro aspecto a tener en cuenta para que la evaluación de los contenidos sea positiva, es que éstos se deben estructurar adecuadamente, por ejemplo, mediante módulos, unidades didácticas, etc. Éstas tienen que abarcar los conocimientos, las habilidades y las actitudes que capacitan al alumno para poner en práctica las funciones que desempeñará en su puesto de trabajo. Por lo general, se pueden constituir equivalencias entre objetivos generales y cursos, objetivos específicos y módulos, unidades didácticas, etc. así como entre objetivos operativos y sesión formativa,.

◉ EJEMPLO

Siguiendo el ejemplo anterior de primeros auxilios, los contenidos que se evaluarán para comprobar si se han logrado o no los objetivos anteriormente propuestos, son:

• Primeros auxilios: conceptos generales.
• Soporte vital básico (reanimación cardio-pulmonar)-adultos.
• Soporte vital básico-niños.
• Soporte vital instrumental.
• Traumatismos osteoarticulares. Inmovilizaciones (vendajes y férulas improvisadas).
• Movilización de urgencia y posiciones de espera.
• Traumatismos craneales y vertebro-medulares.
• Otras situaciones de emergencia.

11.3. Evaluación de la metodología

La evaluación de la metodología consiste en comprobar que los métodos que se han utilizado son los adecuados para lograr los objetivos formativos, aunque éstos deben ser flexibles a la hora de utilizarlos, ya que deben adaptarse a la materia tratada, a los alumnos, a los recursos disponibles, etc.

Para conseguir que la evaluación de la metodología sea positiva, se deben tener en cuenta las características que se emplean para definir un método. Éstas pueden ser:

- ➲ Presentar y mostrar la problemática del tema para que, a través de la reflexión y el esfuerzo, el alumno pueda resolverla.
- ➲ Respetar tanto la libertad de expresión como de creación.
- ➲ Las actividades que están destinadas al alumno tienen que ser dirigidas por el formador para que el alumno reflexione y participe.
- ➲ Motivar al alumno, relacionando los temas con sus intereses, motivaciones y necesidades.
- ➲ Organizar los nuevos aprendizajes para que se integren con los ya adquiridos.
- ➲ Tener en cuenta las limitaciones y las posibilidades que tiene cada alumno.
- ➲ Dar lugar a la acción individualizada a través de tareas que requieran planteamientos y acciones individualizadas.

11.4. Evaluación de actividades y recursos

Las **actividades** son unos elementos que acompañan a los contenidos formativos, ya que éstas refuerzan los contenidos que son expuestos por el formador. Siempre debe existir coordinación entre ambos, para esto se deben seleccionar adecuadamente tanto los métodos como las técnicas.

Para evaluar las diversas actividades que se han desarrollado, hay que formular una serie de preguntas para saber si las actividades han sido eficaces o han fallado en su ejecución. Algunas de estas preguntas pueden ser:

- ⮑ ¿Qué ha hecho el alumno?
- ⮑ ¿Ha sabido aplicar los conocimientos necesarios para lograr resolver las actividades?
- ⮑ ¿Valora y comprende la finalidad de la actividad?
- ⮑ ¿Ha mostrado interés en la realización de la misma?
- ⮑ ¿Qué ha aprendido?
- ⮑ ¿Han sido válidas las actividades?
- ⮑ ¿Cuáles han fallado? ¿Por qué?
- ⮑ ¿Se han alcanzado los objetivos?
- ⮑ Etc.

Junto con las actividades, los recursos también tienen que ser evaluados, ya que de ellos va a depender en cierta manera la eficacia de las actividades. Por eso, en la evaluación de los recursos hay que tener en cuenta la eficacia de aquellos que se han utilizado y cuáles son los que se hubieran necesitado para desarrollar el curso.

Se pueden distinguir varios criterios para evaluar la eficacia de los recursos:

- ⮑ Su calidad, porque actúa como mediador entre la realidad y la estructura cognitiva del alumno.
- ⮑ El contexto metodológico, ya que todo va a depender de la metodología usada por el formador.
- ⮑ Los propios alumnos, sus motivaciones, intereses, etc.
- ⮑ La experiencia del formador en el manejo de los diversos recursos, sus habilidades, etc.

También es necesario tener en cuenta qué evaluar de los recursos:

- ⮑ La rentabilidad de éstos.
- ⮑ El aprovechamiento para distintas finalidades.
- ⮑ El mantenimiento.
- ⮑ La actualización, deben adaptarse a las nuevas tecnologías.
- ⮑ La adecuación al proceso de enseñanza-aprendizaje.
- ⮑ Posibilitar la acción, estimular y responder a las curiosidades presentes en el alumnado.

11.5. Evaluación del formador

La figura del formador es muy importante a lo largo de todo el proceso formativo, ya que, en cierta manera, el éxito o el fracaso de la formación recae sobre él, por lo tanto, es imprescindible conocer previamente a la persona que va a impartir un curso.

El formador es el mediador entre los contenidos y los alumnos, por lo que debe evaluarse de forma continua y a lo largo de todo el proceso de enseñanza-aprendizaje, así como al final del proceso, momento en que se comprobará si los métodos y estrategias que ha diseñado y utilizado han sido los adecuados, introduciendo posibles modificaciones para las prácticas futuras.

La evaluación del formador se puede realizar desde varias vertientes, en cada una de ellas se evalúan aspectos diferentes, pero todas persiguen el mismo fin, que es fomentar la calidad de la formación.

Evaluación realizada por los alumnos

Los alumnos pueden evaluar aspectos como la relación del formador con los alumnos, la organización de las sesiones, el control de clase, la efectividad de la enseñanza, etc.

En la siguiente tabla se muestra un cuestionario a modo de ejemplo:

Marque la opción que más se adecúe a las características que prevalecieron a lo largo del curso

1. Las oportunidades que tuve para realizar preguntas en clase fueron:
   a. Frecuentes
   b. Regulares
   c. Escasas
   d. Muy escasas

Continúa en página siguiente >>

<< Viene de página anterior

Marque la opción que más se adecúe a las características que prevalecieron a lo largo del curso

2. El interés que mostró el formador respecto a los alumnos fue:
   a. Satisfactorio
   b. Regular
   c. Poco
   d. Muy pobre

3. El clima existente en el aula fue:
   a. Bueno
   b. Regular
   c. Tenso
   d. Malo

4. En la prueba final se evaluaban los contenidos dados a lo largo del curso:
   a. Sí
   b. No

5. El material presentado en el curso fue:
   a. Original
   b. Poco original
   c. Nada original

6. Las actividades que realicé para asimilar los contenidos fueron:
   a. Útiles
   b. Regulares
   c. Pobres
   d. Inútiles

7. El contenido marcado para el curso se expuso en su totalidad:
   a. Sí
   b. No

8. El grupo de alumnos afectó a mi aprendizaje:
   a. De manera positiva
   b. De manera negativa
   c. No me afectó

9. El material audiovisual me pareció:
   a. Atractivo
   b. Regular
   c. Inadecuado

Continúa en página siguiente >>

<< Viene de página anterior

**Marque la opción que más se adecúe a las características
que prevalecieron a lo largo del curso**

10. Los procesos, problemas y soluciones experimentados en el trabajo en

    grupo fueron:
    - a. Bien planteados
    - b. Regular planteados
    - c. Mal planteados

11. Las exposiciones por parte del docente me parecieron:
    - a. Buenas
    - b. Regulares
    - c. Malas

12. La actuación del profesor durante el curso evidenció:
    - a. Un elevado conocimiento de la materia
    - b. Un mediano conocimiento
    - c. Un escaso conocimiento

13. El profesor supo controlar las conductas perturbadoras
    sucedidas a lo largo del curso de forma:
    - a. Eficaz
    - b. Regular
    - c. Ineficaz

14. El ritmo que siguió el profesor al exponer los contenidos me pareció:
    - a. Muy bueno
    - b. Satisfactorio
    - c. Monótono

15. La secuencia de presentación de los contenidos del curso fue:
    - a. Lógica
    - b. Regular
    - c. Arbitraria

16. La actuación del profesor despertó interés y motivación:
    - a. Muchas veces
    - b. Algunas veces
    - c. Pocas veces
    - d. Ninguna vez

Evaluación realizada por el propio formador

En esta evaluación, el formador va a evaluar la preparación del curso, el desarrollo del mismo, y también realizará una evaluación propia de su actuación como formador.

En la siguiente tabla se muestra un cuestionario a modo de ejemplo:

Marque la opción que más se adecúe a las características que prevalecieron a lo largo del curso

A. PREPARACIÓN DEL CURSO

1. ¿Cómo ha sido el tiempo con el que ha contado?
   a. Suficiente
   b. Insuficiente

   ¿Por qué? _____

2. ¿Cómo considera la distribución de las sesiones del curso?
   a. Adecuadas
   b. Inadecuadas

   ¿Por qué? _____

3. ¿Ha dispuesto de las guías didácticas del curso?
   a. Sí
   b. No

   ¿Por qué? _____

4. ¿Ha dispuesto de los recursos necesarios para la preparación de sus sesiones?
   a. Sí
   b. No

   ¿Cuáles le han hecho falta? _____

5. Teniendo en cuenta su nivel de formación, ¿ha necesitado apoyo por parte de la dirección del curso?
   a. Sí
   b. No

   ¿Cómo ha sido el apoyo? _____

Continúa en página siguiente >>

<< Viene de página anterior

**Marque la opción que más se adecúe a las características
que prevalecieron a lo largo del curso**

B. DESARROLLO DEL CURSO

6. ¿El desarrollo de las sesiones (distribución y tiempo) se ha correspondido con la planificación prevista?
   a. Sí
   b. No

7. ¿La metodología utilizada para el desarrollo de las sesiones ha propiciado la participación e implicación del alumnado?
   a. Sí
   b. No

   ¿Por qué? _____

8. ¿Considera que el clima del curso ha sido el adecuado?
   a. Sí
   b. No

   ¿Por qué? _____

9. ¿El contexto donde se ha desarrollado el curso ha sido adecuado y oportuno?
   a. Sí
   b. No

   ¿Por qué? _____

10. ¿Ha conseguido los objetivos propuestos?
    a. Sí
    b. No

    ¿Por qué? _____

C. AUTOEVALUACIÓN

11. Evalúe de 1 a 4 los siguientes apartados relacionados con su intervención como formador, donde:

    1. Considero imprescindible mejorar mi formación en este aspecto.
    2. Considero necesario mejorar mi formación en este aspecto.
    3. Cuento con recursos necesarios para el desarrollo ajustado del curso, pero podría encontrar dificultades si éste cambia el rumbo prefijado.
    4. Mi formación al respecto es adecuada y dispongo de recursos suficientes para el desarrollo óptimo del curso.

Continúa en página siguiente >>

<< Viene de página anterior

Marque la opción que más se adecúe a las características que prevalecieron a lo largo del curso

	1	2	3	4
Dominio de los contenidos				
Metodología/didáctica empleada				
Comunicación con el alumnado				
Trabajo en equipo				

D. AMPLIACIÓN

Puede anotar a continuación cualquier aportación que desee realizar y no haya sido considerada en este cuestionario.

_____

_____

11.6. Tipos de evaluación

Existen diferentes tipos de evaluación, cada una se aplicará atendiendo a diferentes criterios.

Según su finalidad o función de la evaluación

Diagnóstica

Esta evaluación, como su nombre indica, tiene un carácter diagnóstico, ya que permite que se conozcan las potencialidades del alumno. De esta manera, la actividad didáctica se dirige de forma más efectiva.

Formativa

Se utiliza como estrategia para mejorar y ajustar los procesos formativos en el momento que se están llevando a cabo, para alcanzar las metas y los objetivos marcados. La evaluación formativa es aplicable a la evaluación de procesos.

Sumativa

Se aplica a la evaluación de productos terminados, es decir, se sitúa concretamente cuando finaliza un proceso, cuando éste se considera acabado. Su propósito es determinar el grado en que se han conseguido los objetivos establecidos, para evaluar de forma positiva o negativa el resultado. Esta evaluación permite tomar medidas tanto a medio como a largo plazo.

Según el momento de aplicación de la evaluación

Inicial

Se produce al principio del proceso de enseñanza-aprendizaje. La función que tiene la evaluación inicial es identificar el nivel de conocimientos que tienen los alumnos que inician un curso y, de esta manera, comprobar si los alumnos cuentan con los conocimientos necesarios para comenzarlo, y determinar si es posible impartirlo de acuerdo al programa formativo o si se requiere alguna modificación.

Procesual

La evaluación procesual se basa en valorar, de forma continua, el aprendizaje de los alumnos y la enseñanza del profesor, a través de la recogida sistemática de datos, toma de decisiones, etc.

La evaluación procesual es totalmente formativa, ya que, al favorecer la recogida continua de datos, permite tomar decisiones en el mismo momento que se considere necesario.

Los resultados que se obtienen forman la base permanente para el formador a la hora de programar las actividades diarias, así como para establecer las actividades y los procedimientos más apropiados. De esta manera, se evitan las dificultades que se puedan producir en los aprendizajes que se están llevando a cabo. La finalidad de todo esto es evitar errores y vacíos en los aprendizajes posteriores.

_____

Final

La evaluación final es aquella que se realiza al finalizar la formación, por lo tanto ésta recoge y valora los resultados obtenidos a lo largo de un periodo formativo.

_____

Según su extensión

_____

Global

Tiene en cuenta todos los elementos y procesos que guardan relación con todo lo que es objeto de evaluación. Por ejemplo, si se trata de evaluar el proceso de aprendizaje de los alumnos, esta evaluación se centra en todas las áreas en general, pero sobre todo en los diversos tipos de contenidos de enseñanza (conceptos, procedimientos, valores, normas, etc.).

_____

Parcial

Esta evaluación no se realiza de manera global, sino que se lleva a cabo por partes, es decir, evalúa los componentes que más interesan.

Según los agentes que realizan la evaluación

Autoevaluación o evaluación interna

Es el proceso sistemático mediante el cual una persona o grupo examina y valora sus procedimientos, comportamientos y resultados, para identificar qué quiere corregir o modificar en él. La evaluación interna muestra que los alumnos están más motivados a la hora de realizar una tarea difícil. La puesta en práctica de la autoevaluación no conlleva que el profesorado abandone sus funciones, sino que implica una concepción diferente de la enseñanza.

La autoevaluación ofrece al estudiante ayuda para descubrir sus necesidades, cantidad y calidad de su aprendizaje, causas de sus problemas, dificultades y éxitos en el estudio. De esta manera, el alumno puede conocerse de manera más concreta.

Heteroevaluación o evaluación externa

La evaluación externa es realizada o llevada a cabo por otra persona que no es el protagonista del aprendizaje. En esta evaluación, lo más frecuente es que el profesor evalúe al alumno.

TIPOS DE EVALUACIÓN	
Según su finalidad o función	- Diagnóstica - Formativa - Sumativa
Según su momento de aplicación	- Inicial - Procesual - Final
Según su extensión	- Global - Parcial
Según los agentes que la realizan	- Autoevaluación o evaluación interna - Heteroevaluación o evaluación externa

Solucionarios de ejercicios de repaso y autoevaluación

Contenido

Solucionario 1

Aplicación de normas y condiciones higiénico-sanitarias en restauración

Solucionario Capítulo 1

1. **¿Qué debe hacer el manipulador de alimentos para conseguir los objetivos propuestos?**

    a. **Adquirir conocimientos en materia objeto de su trabajo: manejo de los alimentos.**
    b. Desarrollar actitudes de conducta personal que beneficien a la empresa en todo momento.
    c. Disminuir el sentido de la responsabilidad hacia los demás, por la trascendencia del servicio que presta.
    d. Las opciones a y b son correctas.

2. **Para la correcta limpieza de un equipo existe una ficha, la cual contiene...**

    a. ... las piezas de las que consta el equipo.
    b. ... tres columnas que indican el momento de hacerlo, el modo y el material que se precisa.
    c. ... la garantía del equipo.
    d. **Las opciones a y b son correctas.**

3. **¿Cuál es la iluminación adecuada?**

    a. La que permite trabajar de manera correcta y facilita ver la suciedad.
    b. La de bajo consumo energético.
    c. La que está protegida por una mampara y nunca situada encima de los alimentos.
    d. **Las opciones a y c son correctas.**

4. **Complete las siguientes frases.**

    Al eliminar los **desperdicios**, se debe planificar, de manera que no haya **contaminaciones** cruzada.

    Según la normativa de CE, las **tablas** de **corte** deben estar fabricadas en **polietileno HDPE.**

5. **Indique si las siguientes afirmaciones son verdaderas o falsas.**

    a. El reglamento 178/2002 del Parlamento Europeo y del Consejo, de 28 de enero, en su artículo 18 establece, con carácter horizontal para todas las empresas alimentarias y de piensos, la exigencia de disponer de un sistema de trazabilidad propio.

        ☑ **Verdadero**
        ☐ Falso

    b. El Real Decreto 105/2010 elimina la necesidad de formación en torno a la correcta manipulación de alimentos.

        ☐ Verdadero
        ☑ **Falso**

    c. La trazabilidad interno o de procesos es la referida a los productos que entran y a los proveedores de estos productos.

        ☐ Verdadero
        ☑ **Falso**

Solucionario Capítulo 2

1. **La prevención de los contaminantes de los alimentos...**

   a. **... se basa en una correcta manipulación de los alimentos.**
   b. ... es responsabilidad de las autoridades competentes.
   c. ... se realiza solamente en la fase de manipulación final del alimento.
   d. Todas las opciones son correctas.

2. **Las intoxicaciones alimentarias...**

   a. ... están causadas por el consumo de alimentos que contienen sustancias tóxicas.
   b. ... incluyen el botulismo.
   c. ... son de origen bacteriano.
   d. **Todas las opciones son correctas.**

3. **Las enfermedades de origen alimentario...**

   a. **... se agrupan en infecciones, toxiinfecciones e intoxicaciones alimentarias.**
   b. ... se producen por la ingestión de cualquier alimento.
   c. ... son causadas por alimentos con contaminantes químicos.
   d. Todas las opciones son incorrectas.

4. **¿Cuál es la principal función del manipulador de alimentos?**

   a. Manipular alimentos con las manos.
   b. Entrar en contacto directo con los alimentos únicamente durante la fase de preparación de los mismos.
   c. **Tiene la responsabilidad legal de seguir todas las acciones necesarias para garantizar la salubridad de los alimentos al consumidor.**
   d. Ninguna opción es correcta.

5. **¿Qué obligación deben cumplir los manipuladores de alimentos?**

   a. La obligación de recibir formación en higiene alimentaria.
   b. La obligación de llevar bata blanca durante la jornada laboral.
   c. Deben cumplir las normas de higiene.
   d. **Las opciones a y c son correctas.**

6. ¿Qué incluyen los principios en los que se basa el sistema APPCC?

    a. La identificación de peligros dentro de un proceso.
    b. La determinación de los puntos de control crítico.
    c. La definición de las acciones correctoras.
    d. Todas las opciones son correctas.

7. ¿Qué beneficios obtienen las empresas que implantan un sistema APPCC?

    a. Mejoran la calidad higiénico-sanitaria de sus productos.
    b. Reducen las pérdidas por rechazo.
    c. Cubren todos los tipos de peligros.
    d. Todas las opciones son correctas.

Solucionario Capítulo 3

1. **Los detergentes se clasifican en...**

   a. ... alcalinos, ácidos y tensoactivos.
   b. ... alcalinos, ácidos y secuestrantes.
   c. ... alcalinos, secuestrantes y tensoactivos.
   d. **... alcalinos, ácidos, tensoactivos y secuestrantes.**

2. **¿Cuál es el desinfectante más utilizado?**

   a. Los clorógenos.
   b. La lejía y la sosa.
   c. **El amoniaco y la lejía.**
   d. La sosa.

3. **De las siguientes características de los desinfectantes, ¿cuál no es correcta?**

   a. No ser corrosivos.
   b. No ser tóxicos.
   c. **Presentar una actividad corta.**
   d. Ser fácilmente solubles en agua.

4. **Según el grado de peligrosidad, ¿qué sustancias y preparados pertenecen a las categorías 1, 2 y 3?**

   a. Muy tóxicos y carcinogénicos.
   b. Carcinogénicos, mutagénicos y muy tóxicos.
   c. **Carcinogénicos, tóxicos para la reproducción y mutagénicos.**
   d. Muy tóxicos, carcinogénicos y corrosivos.

5. **¿Qué criterio se sigue para el almacenamiento de los productos que no necesitan refrigeración?**

   a. No siguen las normas generales de almacenamiento.
   b. Los alimentos deben almacenarse en zonas con altas temperaturas.
   c. **Se deben rechazar latas hinchadas, abolladas u oxidadas.**
   d. Ninguna opción es correcta.

6. **En la industria alimentaria, ¿qué zona no hay que limpiar a diario?**

     a. Los pasillos, servicios y vestuarios.
     b. La cocina.
     c. Las cámaras.
     d. La vajilla pequeña.

7. **Complete las siguientes frases.**

La lejía y el amoniaco van a ser los desinfectantes **más** empleados, solos o incluidos en la composición de los detergentes.

El detergente solamente se utilizará cuando se quieran **eliminar** los residuos visibles a **simple** vista. Con la limpieza no se **desinfecta**, por lo que sigue siendo un foco de contaminación, aunque sí **disminuye** sensiblemente el número de gérmenes.

Los desinfectantes se utilizarán cuando se quiera **quitar** una infección o la posibilidad de causarla, **destruyendo** los gérmenes nocivos y evitando su desarrollo.

Solucionario Capítulo 4

1. ¿Cuál de las siguientes prendas no es necesaria para el personal de cocina?

   a. Malla para el cabello.
   b. Delantal.
   c. Camisa.
   d. **Pantalón corto**.

2. ¿Qué es un EPI?

   a. **Cualquier dispositivo o medio que vaya a llevar o del que vaya a disponer una persona con el objeto de que la proteja contra uno o varios riesgos que puedan amenazar su salud o seguridad.**
   b. Cualquier dispositivo o medio que vaya a llevar o del que vaya a disponer una persona con el objeto de hacer el trabajo más cómodo.
   c. Cualquier dispositivo o medio que vaya a llevar o del que vaya a disponer una persona con el objeto de eliminar o proteger de infecciones.
   d. Cualquier dispositivo o medio que vaya a llevar o del que vaya a disponer una persona con el objeto de agilizar el trabajo.

3. En el folleto informativo de todo EPI, debe aparecer...

   a. ... las instrucciones de almacenamiento, uso, limpieza, mantenimiento, revisión y desinfección.
   b. ... la fecha o plazo de caducidad de los EPI o de alguno de los componentes.
   c. ... el tipo de embalaje adecuado para transportar los EPI.
   d. **Todas las opciones son correctas.**

4. ¿Cuáles son los puntos que comprende el programa de protección personal?

   a. Evaluación, selección, ajuste y reparación.
   b. Evaluación, compra, formación y educación, y mantenimiento y reparación.
   c. **Evaluación, selección, ajuste, formación y educación, y mantenimiento y reparación.**
   d. Evaluación, selección, ajuste, compra, formación y educación, y mantenimiento y reparación.

5. El uniforme del personal de cafetería consta de...

    a. ... camiseta blanca o negra.
    b. ... pantalones cortos.
    c. ... sandalias.
    d. ... jerséis.

Solucionario 2

Aprovisionamiento de materias primas en cocina

Solucionario Capítulo 1

1. **¿Cómo se divide, de mayor a menor rango, la brigada de cocina?**

   a. Jefe de cocina ejecutivo, jefe de cocina, 2° jefe de cocina, jefe de partida, cocinero, pinche.
   b. Jefe de cocina, marmitón, jefe de partida, cocinero, ayudante de cocina.
   c. **Jefe de cocina ejecutivo, jefe de cocina, 2° jefe de cocina, jefe de partida, cocinero, ayudante de cocina, pinche, fregaplatos y marmitones.**
   d. Ninguna opción es correcta.

2. **Defina el concepto de *briefing*.**

   En el ámbito de la restauración, el término briefing se refiere a reuniones puramente informativas, donde se dan a conocer y se repasan los eventos, reuniones, nuevas reservas, etc.

3. **Enumere, al menos, cuatro funciones a realizar por el jefe de cocina.**

   1. Supervisar.
   2. Dirigir a los mandos intermedios.
   3. Mantener los ratios de calidad.
   4. Realizar informes de rendimiento.

4. **Indique si las siguientes afirmaciones son verdaderas o falsas.**

   a. Un menú infantil debe aportar entre un 30 y un 35 % de las necesidades energéticas diarias y debe ajustarse a las necesidades de micronutrientes esenciales.

      ☑ **Verdadero**
      ☐ Falso

   b. El acero inoxidable era utilizado ya en la Edad Media.

      ☐ Verdadero
      ☑ **Falso**

    c. El cuarto frío debe disponer de zonas separadas para carnes, pescados y hortalizas.

       ☑ **Verdadero**
       ☐ Falso

5. **Complete el siguiente texto.**

Los **restaurantes** son comercios, donde el público pagará por la **comida** y la **bebida** que va a consumir. Se puede encontrar una gran variedad de modalidades de **servicio** y tipos de cocina, pudiendo citar: restaurante **bufet**, restaurante de **comida rápida**, restaurante *gourmet*, restaurante **temático**, etc.

Solucionario Capítulo 2

1. **¿Cuál es el primer paso para la buena gestión de un establecimiento?**

   a. **La recepción de materias primas.**
   b. El servicio de sala.
   c. La recepción del cliente.

2. **Para el vendedor, un albarán...**

   a. **... dará constancia de la entrega de mercancía.**
   b. ... no sirve para la realización de la factura.
   c. ... sirve para comprobar la mercancía solicitada.
   d. ... no sirve para nada.

3. **Enumere, al menos, cinco requisitos que deben aparecer en un albarán.**

   1. Lugar y fecha de emisión.
   2. Detalle de las mercaderías solicitadas.
   3. Firma de la persona que recibe las mercaderías.
   4. Lugar de entrega.
   5. Nombre y domicilio del vendedor y del comprador.

4. **Indique si las siguientes afirmaciones son verdaderas o falsas.**

   a. Las facturas pueden ser ordinarias, rectificativas y recapitulativas.

      ☑ **Verdadero**
      ☐ Falso

   b. El duplicado de la factura es para el receptor, en caso de pérdida del original. La debe expedir el mismo emisor que expidió el original.

      ☑ **Verdadero**
      ☐ Falso

    c. Una de las premisas de un buen almacenamiento es vigilar la eficacia de los procedimientos de mantenimiento y saneamiento.

        ☑ **Verdadero**
        ☐ Falso

    d. Los alimentos no deben quedar en contacto con el suelo.

        ☑ **Verdadero**
        ☐ Falso

5. Complete la siguiente oración.

Para un correcto control de **almacén,** el responsable correspondiente debe contar con medidas de **control,** que puedan proporcionar y reflejar de manera completa la situación en la que se encuentran las **materias primas** circulantes y todos los **recursos** que se encuentran a su disposición.

 Solucionario Capítulo 3

1. **El uso principal del aceite de oliva en la cocina es para la fritura, pero, además de esta función, ¿para qué es utilizado también?**

   a. Es complemento de ensaladas, estando presente en los aliños y destruyendo el sabor de la ensalada.
   b. **Forma parte de las mahonesas y los aliños de ensaladas, distribuyendo el sabor del aliño, que mejora el gusto de la ensalada.**
   c. Solo se usa en pastelería, junto con la mantequilla.

2. **Defina el concepto de tindalización.**

   Método de esterilización en el que el calor se utiliza intermitentemente, dejando un tiempo entre dos calentamientos para permitir el desarrollo de las esporas, que son destruidas más fácilmente en el siguiente calentamiento.

3. **Enumere cuatro características de la conservación por deshidratación.**

   1. Eliminación del contenido de agua de los alimentos, pudiendo llegar hasta el 98 %.
   2. Reducción de peso y de volumen.
   3. Conservación e intensificación del aroma natural.
   4. Recuperación de las propiedades, olor, sabor y color, tras la rehidratación.

4. **Indique si las siguientes afirmaciones son verdaderas o falsas.**

   a. Para el ahumado, se emplea leña o serrín de maderas aromáticas que sean resinosas.

      ☐ Verdadero
      ☑ **Falso**

   b. Las bebidas de fruta se obtienen exprimiendo o triturando las frutas y añadiendo agua y azúcar.

      ☑ **Verdadero**
      ☐ Falso

c. En las conservas, las bacterias son eliminadas por calor, pero no se evita la posterior introducción de bacterias por un cierre hermético al vacío.

☐ Verdadero
☑ **Falso**

d. Los moluscos congelados siempre tienen que venir con concha.

☐ Verdadero
☑ **Falso**

5. **Complete el siguiente texto.**

La **liofilización** es una **deshidratación** a temperaturas por debajo de **cero** grados. Se congela el producto y se somete a una cámara de **vacío** hasta la eliminación del agua convertida en hielo, quedando únicamente el extracto **seco.** Se aplica principalmente al café y a las **carnes.**

Solucionario Capítulo 4

1. **Los vales de economato están en poder del responsable del departamento y, ¿a quién serán entregados?**

   a. Al jefe de economato, que deberá preparar el pedido, siempre que lo apruebe el jefe de partida.
   b. Al mozo de economato, que deberá preparar el pedido, firmándolo el jefe de economato.
   c. **Al jefe de economato, que deberá preparar el pedido, archivando el vale de pedido para realizar el parte de consumo diario.**

2. **Defina el concepto de transfer.**

   Los *transfers* son documentos de pedido o solicitud entre departamentos, controlando los movimientos internos entre partidas.

3. **Enumere tres tipos de comanda.**

   1. Comanda de bebidas.
   2. Comanda de postre.
   3. Comanda de comida.

4. **Indique si las siguientes afirmaciones son verdaderas o falsas.**

   a. La revisión de los inventarios permite establecer un control sobre los *stocks* de productos, pudiendo establecer un *stock* máximo.

      ☐ Verdadero
      ☑ **Falso**

   b. La mecánica para hacer un relevé consiste en partir de un inventario inicial, al que se añadirán las salidas de género efectuadas en el día y se sumará el *stock* final.

      ☐ Verdadero
      ☑ **Falso**

    c. Es fundamental para cualquier tipo de negocio llevar un control exhaustivo de las compras y el gasto, para no redundar negativamente en la calidad y los beneficios.

> ☑ **Verdadero**
> ☐ Falso

5. Complete la siguiente oración.

La relación entre departamentos debe ser **constante**, y prueba de ello es el **parte diario de ocupación**, donde se refleja la ocupación diaria, para así poder hacer las previsiones de **compras**, pedidos y **trabajos** con exactitud.

Solucionario 3
Preelaboración y conservación culinarias

Solucionario Capítulo 1

1. **Clasifique en generador de frío o generador de calor la siguiente maquinaria: congelador, abatidor de temperatura, planchas, cocina, "Pacojet", horno de bóveda, freidora y cámara frigorífica.**

Generador de frío	Generador calor
Congelador Abatidor de temperatura "Pacojet" Cámara frigorífica	Planchas Cocina Horno de bóveda Freidora

2. **De las siguientes afirmaciones, indique cuáles son verdaderas o falsas.**

   a. El fogón va a ser el elemento más característico de la cocina y puede ser solo eléctrico.

   ☐ Verdadero
   ☑ **Falso**

   b. El horno de bóveda es muy utilizado para asar corderos y cochinillos.

   ☑ **Verdadero**
   ☐ Falso

   c. La cocción en un horno de convección puede llegar a ser un 30 % más rápida que en un horno clásico.

   ☑ **Verdadero**
   ☐ Falso

3. **Defina el concepto sauté.**

Es un recipiente cilíndrico con un diámetro bastante grande, con bordes bajos y provistos de un mango. Normalmente, se emplea para saltear y para elaborar salsas. El sauté tiene las paredes verticales y el llamado "sauté ruso" las tiene ligeramente abiertas hacia fuera.

4. **¿Cuál es el elemento característico de un bar?**

   a. **La barra o mostrador.**
   b. La infinidad de bebidas alcohólicas y no alcohólicas que ofrece.
   c. La cantidad de tapas que sirven a los clientes.

5. **En los restaurantes de alta cocina los alimentos son...**

   a. ... de gran calidad pero escasos.
   b. ... poco variados pero de gran calidad.
   c. **... de gran calidad, servidos en mesa y cocinados al momento.**

6. **¿Qué es el mantenimiento correctivo?**

   a. Son actuaciones dirigidas a evitar averías y deterioro en las instalaciones, equipos y utensilios.
   b. Son actuaciones practicadas para poder mantener las instalaciones, los equipos y utensilios en servicio, pero no mejorar su funcionamiento.
   c. **Son actuaciones practicadas para poder mantener las instalaciones, los equipos y los utensilios en servicio, así como para mejorar su funcionamiento.**

7. **Complete las siguientes oraciones.**

Los medios de desinfección pueden ser **físicos** o **químicos**.

La prelimpieza consiste en **eliminar** restos de alimentos, desperdicios, o suciedad **visible** con la ayuda de utensilios.

Solucionario Capítulo 2

1. **Enumere los 5 factores fundamentales por los que se rige una buena regeneración.**

   ▪ Temperatura
   ▪ Tiempo
   ▪ Humedad
   ▪ Sistema calentamiento
   ▪ Inercia de calentamiento

2. **Nombre al menos tres equipos de regeneración.**

   ▪ Cocedor de vapor
   ▪ Microondas doble magnetrón
   ▪ Armarios de regeneración

3. **Complete la siguiente oración.**

   La regeneración de los **alimentos** es la acción de **calentar** o **poner** a cierta temperatura una preparación culinaria.

4. **De las siguientes afirmaciones, indique cuáles son verdaderas o falsas.**

   a. El pan y la repostería se pueden descongelar a temperatura ambiente o en el frigorífico, nunca quitándole el envoltorio.

   ☐ Verdadero
   ☑ **Falso**

   b. Las carnes nunca deberán descongelarse bajo el agua caliente.

   ☑ **Verdadero**
   ☐ Falso

c. Una descongelación adecuada mantendrá el producto en las mismas condiciones que este tenía antes de su congelación.

☑ **Verdadero**
☐ Falso

5. Enumere los métodos de rehidratación más utilizados.

▌ Inmersión en el agua.
▌ Inmersión en soluciones azucaradas.

Solucionario Capítulo 3

1. **Defina los siguientes términos culinarios.**

   ▌ Aviar: preelaboración que se practica en las aves antes de trocearlas para su cocinado, es decir, despojar, chamuscar y lavar.
   ▌ Bridar: atar una pieza o un género con hilo bramante para evitar su deformación durante la cocción.
   ▌ Sudar: poner alimentos al fuego en un recipiente cerrado para extraerles el jugo y que este conserve todo su valor nutritivo.

2. **Nombre las partes del despiece de un cerdo.**

   Solomillo, cinta de lomo, jamón, chuletas de lomo de riñonada, chuletas de aguja, paletilla, panceta, costillar, codillo delantero, codillo trasero, tocino papada, manos y patas.

3. **¿Qué parte del pescado se caracteriza por ser gelatinosa y estar bajo la barbilla del pescado?**

   Cococha.

4. **Realice una tabla en la que incluya los principales cortes en las verduras.**

   ▌ Paisana
   ▌ Juliana
   ▌ Brounoise
   ▌ Torneado
   ▌ Diente de ajo
   ▌ Avellana
   ▌ Fondos
   ▌ Cuartos
   ▌ A la mandolina
   ▌ A la mirapoix

5. **De las siguientes afirmaciones, indique cuáles son verdaderas o falsas.**

    a. No se debe consumir aquella lata de conserva que su exterior se encuentre abollado u oxidado.

        ☑ **Verdadera**
        ☐ Falsa

    b. Las grasas deben estar protegidas de la acción directa de la luz cuando están almacenadas.

        ☑ **Verdadera**
        ☐ Falsa

    c. Todas las legumbres secas requieren remojado previo.

        ☐ Verdadera
        ☑ **Falsa**

Solucionario Capítulo 4

1. Nombre los dos tipos de congelación o frío negativo principales.

Congelación y ultracongelación.

2. Describa en qué consiste la liofilización.

Es una deshidratación a temperaturas por debajo de cero grados, se congela el producto y se someterá a una cámara de vacío hasta la eliminación del agua convertida en hielo, quedando únicamente el extracto seco.

3. Complete la siguiente oración.

El adobo se debe complementar con la **conservación** en frío. Los adobos solo van a **alargar** la vida sanitaria de los **productos,** no sirven como un método de conservación a **largo** plazo.

4. De las siguientes afirmaciones, indique cuáles son verdaderas o falsas.

    a. La acidez es un factor muy importante para la conservación.

        ☑ **Verdadero**
        ☐ Falso

    b. En general, siempre se desechará cualquier conserva que presente olor, aspecto o sabor extraño.

        ☑ **Verdadero**
        ☐ Falso

    c. La uperización (UHT) es un sistema esterilizador más moderno que no respeta al producto.

        ☐ Verdadero
        ☑ **Falso**

5. Enumere los sistemas de conservación más importantes.

- Conservación por frío
- Deshidratación
- Liofilización
- Salazón
- Ahumado
- Adobo
- Escabeche
- Encurtido
- Confitado
- Compotas
- Esterilización
- Pasteurización
- Uperización UHT
- Irradiación
- Atmósfera modificada
- Envasado al vacío

Solucionario Capítulo 5

1. **Enumere las diferentes perspectivas de calidad.**

   ▮ Perspectiva de producto
   ▮ Perspectiva de usuario
   ▮ Perspectiva de valor

2. **¿Qué se entiende por un producto o servicio de calidad?**

   Un producto a servicio de calidad es el que satisface las necesidades del cliente.

3. **Complete la siguiente oración.**

   La publicidad es una técnica de **marketing** cuyo objetivo fundamental es crear **imagen** de marca, recordar, **informar** o persuadir al público para mantener o **incrementar** las **ventas** de los bienes o servicios ofertados.

4. **De las siguientes afirmaciones, indique cuáles son verdaderas o falsas.**

   a. En el aseguramiento de calidad, las actuaciones de calidad, vendrán dadas por un estudio de riesgos.

      ☑ **Verdadero**
      ☐ Falso

   b. El propósito de la EVS es analizar un conjunto concreto de necesidades, con la idea de proponer una solución a corto plazo.

      ☑ **Verdadero**
      ☐ Falso

   c. Los análisis del sistema de información solo se basan en la revisión del catálogo de requisitos y en el plan de pruebas.

      ☐ Verdadero
      ☑ **Falso**

5. **Nombre algunas de las actividades necesarias para asegurar un buen control de los equipos de medición y ensayo.**

Algunas de las actividades son:

- Elaborar un inventario.
- Elaborar un plan anual de calibración.
- Controlar las calibraciones y establecer las trazabilidades.
- Realizar un mantenimiento preventivo y predictivo de los equipos.
- Gestionar los equipos.
- Identificar las medidas que se realizarán y la exactitud que se requerirá para ello.

Solucionario 4

Realización de elaboraciones básicas y elementales de cocina y asistir en la elaboración culinaria

Solucionario Bloque 1 Capítulo 1

1. **Las elaboraciones básicas de múltiples aplicaciones son:**

    a. **Preparados de gran versatilidad que se utilizan como base de innumerables preparaciones culinarias, aportando sabor, color y en ocasiones texturas.**

    b. Preparados utilizados para potenciar el sabor de la materia prima

    c. Productos fabricados industrialmente que aumentan las propiedades gustativas del producto final.

2. **Defina el concepto brasear.**

Método de cocción empleado generalmente para carnes duras, lentamente y por un tiempo prolongado. Se acompaña la cocción con hortalizas de condimentación y elementos líquidos que favorezcan el cocinado.

3. **Enumere 4 tipos o formas de corte aplicadas a las verduras. Extráigala de la terminología.**

    1. Juliana
    2. Mirepoix
    3. Paisana
    4. Tornear

4. **De las siguientes frases, indique cuál es verdadera o falsa.**

    a. Las mantequillas pueden ser de origen animal y vegetal.

      ☑ **Verdadera**
      ☐ Falsa

    b. Los huevos son utilizados tanto para preparación de sopas, salsas y cremas, como para trabazón, guarniciones, etc.

      ☑ **Verdadera**
      ☐ Falsa

   c. Las mermeladas son productos de consistencia pastosa y untuosa elaboradas con fruta fresca quitando pulpa y semillas.

   ☐ Verdadera
   ☑ **Falsa**

   d. Para la cocción de la pasta partiremos siempre de agua fría.

   ☐ Verdadera
   ☑ **Falsa**

5. **Complete las siguientes afirmaciones con el concepto adecuado.**

   En la mayoría de las culturas el **arroz** moreno se limpia y se le elimina la capa de **salvado** quedando el **grano**.

   Rehogar consiste en cocinar total o parcialmente un género a fuego **lento** con algo de **grasa** sin que llegue a tomar **color**.

   La **jalea** es una preparación de consistencia **gelatinosa** y untuosa, elaborada a partir de **jugos** o extractos de fruta **fresca** por cocción con igual cantidad de azúcar.

Solucionario Bloque 1 Capítulo 2

1. **Uno de los principales riesgos más importantes en la preelaboración y ejecución de un alimento es:**

   a. **Que se pueden encontrar microorganismos en la materia prima, pudiendo contaminarse durante dicho proceso pudiendo provocar una intoxicación o toxiinfección alimentaria al consumidor.**
   b. El racionado inadecuado del producto.
   c. Su consumo en crudo.
   d. Que se pueden encontrar bacterias en la materia prima, que se contaminarán durante el proceso de cocinado y eliminarán por el frío.

2. **A la hora de adquirir huevos se tendrá en cuenta que...**

   a. ... su cáscara este limpia y sin roturas, siempre embasados al vacío.
   b. **... su cáscara este limpia, posea la cutícula exterior y estén limpios.**
   c. ... esté libre de bacterias.
   d. ... posea siempre la mejor calidad precio.

3. **Enumere 3 premisas para la conservación de las verduras.**

   1. Si se conservan cocinadas se deben cocinar con poca agua, ya que poseen mucha agua en su composición.
   2. Cocerlas en un recipiente tapado para evitar la destrucción de las vitaminas.
   3. Realizar un proceso de cocción corto ya que el fuego destruye las vitaminas y el sabor.

4. **Indique cuál de estas afirmaciones es verdadera y cuál es falsa.**

   a. Antes de abrir una conserva se podrá conservar a temperatura ambiente.

      ☑ **Verdadera**
      ☐ Falsa

b. Como medida preventiva para la utilización de aceite, se tendrá en cuenta no mezclar distintos tipos de grasas.

☑ **Verdadera**
☐ Falsa

c. La limpieza de los utensilios de trabajo del cocinero se lleva a cabo tantas veces como se cambie de producto en la manipulación.

☑ **Verdadera**
☐ Falsa

d. Los moluscos se deberán recibir vivos o congelados.

☑ **Verdadera**
☐ Falsa

5. **Complete las siguientes oraciones.**

Los **pescados** y **mariscos** en la medida de lo posible siempre hay que comprarlos **frescos** y en el caso de mariscos lo ideal sería **vivos**. Siempre hay que tener presente las normas de calidad en ambas materias primas, teniendo un **olor** característico, una piel **brillante**, agallas **perfiladas** y definidas.

Solucionario Bloque 1 Capítulo 3

1. **Los fondos de cocina son:**

   a. **Los caldos resultantes de una cocción lenta y continuada que tiene por objeto extraer las sustancias que contienen los huesos de ternera, vaca, caza, pescado, etc., aromatizados con vegetales, hierbas y especias.**
   b. Salsas concentradas de zanahoria, puerro y cebolla, aunque también se le puede incluir apio y tomate.
   c. Caldos clarificados conseguidos a partir de huesos de ternera, vaca, caza y pescado.
   d. Elaboraciones poco complejas, que se utilizan junto con productos de cuarta y quinta gama.

2. **Defina el concepto espumar.**

   Retirar la espuma que se produce en los líquidos al llegar al punto de ebullición y que queda flotando en la superficie del líquido.

3. **Enumere 3 tipos de preparación de *mirepoix*.**

   1. *Mirepoix magro*
   2. *Mirepoix salteado*
   3. *Mirepoix au gras*

4. **Indique cuál de estas afirmaciones es verdadera y cuál es falsa.**

   a. Los huevos cuajados en forma de crepes siempre se utilizarán de forma completa, no permitiendo el corte o rellenos de estos.

   ☐ Verdadera
   ☑ **Falsa**

b. Los fondos pueden ser reducidos hasta alcanzar un grado de consistencia óptimo que denominamos *fumet*.

☐ Verdadera
☑ **Falsa**

c. El grado de tostado, la intensidad del fuego, el origen del producto, la sensibilidad del cocinero, etc., son notas básicas para la preparación de los fondos de cocina.

☑ **Verdadera**
☐ Falsa

d. Las guarniciones pueden ser simples y compuestas.

☑ **Verdadera**
☐ Falsa

5. Complete las siguientes oraciones.

El fondo **blanco** de ternera debe resultar muy claro, transparente y bien **desgrasado**.

Brasear es la acción de cocer a fuego en sus propios jugos los **productos** o alimentos.

El **mirepoix** es una combinación de verduras cortadas en pequeños dados de 1 cm de sección, empleada para **aromatizar** salsas, asados, caldos u sopas.

La **guarnición** deberá: mejorar el sabor, mejorar el **aspecto** y complementar el valor **nutritivo** de una presentación **culinaria**.

6. Relacione los siguientes elementos.

a. Albufera
b. Bordalesa
c. Mascota
d. Buena mujer

d. Champiñones, cebollitas, tocino en lardones y patatas risoladas, principio mente diente de ajo. Se aplica a aves braseadas y a pescados.

b. Aros de cebolla rebozados, cuartos de alcachofa, patatas, diente de ajo y setas salteadas. Para aves y pequeñas piezas de carne.

a. Arroz pilaf con *foie-gras,* quenefas de ave, cabezas de champiñón rellenas de jamón y láminas de trufa. Se aplica a carnes a la plancha.

c. Cuartos de alcachofa salteados con mantequilla, patatas parmentier y láminas de trufa. Se aplica a pescados, torneados y aves.

Solucionario Bloque 1 Capítulo 4

1. **Enumere los 5 factores fundamentales por los que se rige una buena regeneración.**

   1. Temperatura
   2. Tiempo
   3. Humedad
   4. Sistema del calentamiento
   5. Inercia del calentamiento

2. **Cite, al menos, tres equipos de regeneración.**

   1. Cocedor de vapor
   2. Microondas
   3. Armarios de regeneración

3. **Complete la siguiente oración.**

   La regeneración de un alimento es considerado un **proceso** en el que su objetivo es mantener la **calidad** del alimento pudiendo hacerse mediante **distintos** sistemas y medios.

4. **De las siguientes frases, indique cuál es verdadera o falsa.**

   a. El pan y la repostería se suelen descongelar a temperatura ambiente o en el frigorífico, nunca quitándole el envoltorio.

   ☐ Verdadera
   ☑ **Falsa**

   b. Las carnes nunca deberán descongelarse bajo el agua del grifo.

   ☑ **Verdadera**
   ☐ Falsa

c. Una descongelación adecuada mantendrá el producto en las mismas condiciones que este tenía antes de su congelación.

    ☑ **Verdadera**
    ☐ Falsa

5. Enumere los métodos de rehidratación más utilizados.

1. Inmersión en el agua.
2. Inmersión en soluciones azucaradas.

Solucionario Bloque 2 Capítulo 1

1. **Enumere 5 tipos de asado.**

   1. Al horno
   2. A la plancha
   3. A la sal
   4. Al espetón
   5. A la parrilla

2. **¿En qué consiste el asado a la sal?**

   Consiste en cubrir con sal cualquier género para cocinarlo a horno fuerte, evitando que se reseque en absoluto.

3. **De las siguientes frases, indique cuál es verdadera o falsa.**

   a. Las elaboraciones más características en los pescados son en *cocotte*, bella vista y moldeados.

   ☐ Verdadera
   ☑ **Falsa**

   b. Una de las formas más características de presentación de las ostras es al natural.

   ☑ **Verdadera**
   ☐ Falsa

   c. La cocción en papillote consiste en cocinar los alimentos en pequeños paquetitos.

   ☑ **Verdadera**
   ☐ Falsa

d. El calor no destruye los nutrientes, pero sí las vitaminas.

☐ Verdadera
☑ **Falsa**

4. Complete las siguientes oraciones.

La cocina **al vacío** preserva y potencia el sabor **natural** de los alimentos, ya que al cocer en un recinto hermético y sin **aire** no existen pérdidas de **aromas** volátiles. Así también, no hay ninguna pérdida de **sabores** al recalentarlos.

Los resultados de la cocción al vacío son particularmente buenos en **pescados**, *foie-gras* y **legumbres** frescas.

5. Busque 4 elaboraciones características para huevos y explíquelas.

U	Y	H	C	O	C	O	T	T	E
P	V	M	A	R	I	O	K	I	U
O	P	O	R	Q	S	I	X	T	A
T	E	S	C	A	L	F	A	D	O
A	Z	S	T	A	Q	W	H	J	K
L	N	H	J	U	Y	T	R	F	G
P	N	M	O	L	D	E	A	D	O
-	N	R	S	A	R	A	-	O	T
L	O	V	I	C	E	N	T	E	G
A	V	I	R	G	I	W	Q	W	F

▌ Al plato. Esta preparación se realiza en un platillo de huevo untado con mantequilla. La clara debe quedar color lechoso y la yema estará apenas cocida cubierta por una ligera película brillante denominada espejo.

▌ Cocotte. Huevos presentados en cocotera, yema líquida y clara de color blanco lechoso. Se suele acompañar de costrones de pan.

▌ Escalfado. Se realiza con agua hirviendo, envolviendo la yema con la clara. La yema debe quedar líquida.

▌ Moldeado. La clara debe quedar coagulada y la yema blanda, se cuecen en molde estilo cocotera.

Solucionario Bloque 2 Capítulo 2

1. **El propósito de la limpieza es...**

    a. ... impedir que se formen incrustaciones en la superficie de los materiales

    b. ... disminuir o exterminar los microorganismos.

    c. ... diseñar de acuerdo con la legislación vigente un programa que consiga unas prácticas correctas de higiene.

    d. ... seguir las pautas que deben cumplir los productos en el momento de la recepción.

2. **Defina el concepto de Planes Generales de Higiene (PGH).**

Son documentos donde se programan diferentes actividades relacionadas con aspectos básicos de la higiene de la empresa. Estos planes se denominan también prerrequisitos del APPCC.

3. **Enumere, al menos, 4 procedimientos a tener en cuenta para la ejecución del Plan de limpieza y desinfección.**

    1. Tipo de suciedad.

    2. Tiempo y frecuencia.

    3. Clasificación de los utensilios y los equipos utilizados.

    4. Describir como se debe limpiar y desinfectar.

4. **De las siguientes frases, indique cuál es verdadera o falsa.**

    a. El Plan de control de plagas debe implantar todas las acciones que sirvan para prevenir y controlar los peligros que suponen la presencia de alguna plaga.

        ☑ **Verdadera**

        ☐ Falsa

b. Según el reglamento 852/2004 del Parlamento Europeo, queda totalmente prohibido el empleo de agua no potable.

☐ Verdadera
☑ **Falsa**

c. Según la normativa vigente los denominados manipuladores de alimentos tienen la obligación de recibir formación en materia de higiene alimentaria.

☑ **Verdadera**
☐ Falsa

d. Según el reglamento 178/2002 del Parlamento Europeo, todas las empresas alimentarias deben disponer de un sistema de trazabilidad propio.

☑ **Verdadera**
☐ Falsa

5. **Complete las siguientes oraciones.**

El Plan de gestión de **residuos** tiene como objetivo evitar que los residuos o subproductos generados en la empresa **alimentaria** puedan provocar **contaminaciones** cruzadas con aquellos alimentos que se manipulan o supongan un foco de atracción de **plagas** o de desarrollo de **microorganismos**.

6. Busque los cuatro pasos a seguir para que una limpieza sea efectiva y explíquelos.

A	M	A	N	H	G	T	R	U	K	Y	A
X	V	Y	A	N	O	L	O	J	K	L	Y
M	N	H	H	G	A	H	J	K	L	L	Ñ
O	P	R	E	L	I	M	P	I	E	Z	A
D	F	R	T	G	J	O	M	K	O	I	O
R	E	R	T	U	D	J	H	G	F	D	S
E	N	J	U	A	G	A	D	O	E	R	T
L	K	I	V	O	I	U	Y	G	F	D	T
G	R	A	C	I	A	U	I	O	P	K	L
Z	L	A	N	T	A	K	I	R	A	D	E
P	O	L	I	U	S	E	C	A	D	O	M
A	L	A	F	U	E	N	T	E	R	E	Y

I Prelimpieza. Consiste en eliminar restos de alimentos, desperdicios o suciedad visible con ayuda de utensilios.

I Lavado. Aplicar un detergente y agua para que la suciedad y la grasa de las superficies se desprendan.

I Enjugado. Eliminación de la suciedad y la grasa desprendida así como los restos de detergente.

I Secado. Eliminación del agua de las superficies, mediante escurrido, uso de paños higiénicos o sistemas de secado por aire.

Solucionario Bloque 2 Capítulo 3

1. **La producción culinaria...**

   a. ... se considera una cadena de transformación.
   b. ... transforma y cambia las propiedades y características del producto.
   c. **Las opciones a y b son correctas.**

2. **Defina el concepto fondo de cocina.**

   Los fondos son los caldos resultantes de una cocción lenta y continuada en el que se extraen las sustancias de las materias primas a cocinar.

3. **Enumere 4 tipos de consomés, atendiendo a la guarnición que le acompaña.**

   1. Consomé celestina
   2. Consomé vermicelli
   3. Consomé prado verde
   4. Consomé reina

4. **Complete las siguientes oraciones.**

   Las salsas **emulsionadas** son trabadas por emulsión de dos productos no miscibles entre sí.

   Las salsas emulsionadas en frío más conocidas son la **mayonesa** y sus derivadas y en caliente la **holandesa** y sus derivadas.

   La salsa de tomate, el tomate *concassé* y la salsa de tomate natural son elaboraciones a base de **hortalizas** concentradas.

5. **Relacione los siguientes elementos.**

   a. Salsa de tomate natural
   b. Salsa *velouté*
   c. Salsa mayonesa

b. Mantequilla
a. Tomate maduro
c. Huevo
a. c. Aceite de oliva
b. Fondo blanco de ternera
b. Harina
a. Azúcar
c. Elemento ácido
a. b. c. Sal
a. b. c. Pimienta

Solucionario Bloque 2 Capítulo 4

1. Cite los dos tipos de congelación o frío negativo principales.

▪ Congelación
▪ Ultracongelación

2. Defina el concepto de liofilización.

Es una deshidratación a temperaturas por debajo de cero grados, se congela el producto y se somete a una cámara de vacío hasta la eliminación del agua convertida en hielo, quedando únicamente el extracto seco.

3. Complete la siguiente oración.

El adobo se debe complementar con la **conservación** en frío, los adobos solo van a **alargar** la vida sanitaria de los **productos** no sirve como un método de **conservación** a largo plazo.

4. De las siguientes frases, indique cuál es verdadera o falsa.

a. La acidez es un factor importantísimo para la conservación.

☑ **Verdadera**
☐ Falsa

b. En general siempre se desechará cualquier conserva que presente olor, aspecto o sabor extraño.

☑ **Verdadera**
☐ Falsa

c. UHT es un sistema esterilizador más moderno, que no respeta al producto.

☐ Verdadera
☑ **Falsa**

5. Enumere los sistemas de conservación más importantes.

1. Conservación por frío
2. Deshidratación
3. Liofilización
4. Salazón
5. Ahumado
6. Adobo
7. Escabeche
8. Encurtido
9. Confitado
10. Compotas
11. Esterilización
12. Pasteurización
13. Uperización UHT
14. Irradiación
15. Atmósfera modificada
16. Envasado al vacío

Solucionario Bloque 3 Capítulo 1

1. Defina el término calidad.

La calidad es el conjunto de características de un producto o servicio que cumplen con las expectativas del cliente para el cual fueron diseñados, satisfaciendo sus necesidades y expectativas. También involucra que la productividad, la rentabilidad y la aceptación en el mercado sean proporcionales al nivel de satisfacción del cliente.

2. ¿A qué se le llama aseguramiento de la calidad?

El aseguramiento de la calidad son aquellas acciones que hacen que un producto o servicio cumpla con unos determinados requisitos de calidad.

3. ¿Qué se entiende por un producto o servicio de calidad?

Un producto o servicio de calidad es el que satisface las necesidades del cliente.

4. Enumere las diferentes perspectivas del concepto calidad.

1. Perspectiva de producto
2. Perspectiva de usuario
3. Perspectiva de valor

5. Complete la siguiente oración.

La publicidad es una técnica de **marketing** cuyo objetivo fundamental es crear una **imagen** de marca, recordar, **informar** o persuadir al público para mantener o **incrementar** las **ventas** de los bienes o servicios ofertados.

Solucionario Bloque 3 Capítulo 2

1. **Señale la respuesta verdadera.**

   a. Los insumos son materias primas no modificables, listas para el consumo.
   b. Los insumos son siempre materias primas que se transforman para formar parte de un producto final.
   c. **Los insumos son, en ocasiones, materias primas que pierden sus propiedades y características para transformarse y formar parte de un producto final.**

2. **Señale la respuesta verdadera.**

   a. El estudio de viabilidad de un sistema tiene como función estudiar y proponer soluciones a largo plazo.
   b. **El estudio de viabilidad de un sistema tiene como función estudiar y proponer soluciones a corto plazo.**
   c. El estudio de viabilidad de un sistema tiene como función analizar necesidades para proponer respuestas a largo plazo.

3. **¿Qué se persigue con un análisis del sistema de calidad?**

   Se persigue definir de forma detallada un plan de aseguramiento de la calidad, donde se detallan los estándares y normas a cumplir, las revisiones a llevar a cabo y los procedimientos y mecanismos para resolver problemas.

4. **Enumere los procesos de estudio de la Viabilidad del Sistema de Calidad.**

   1. Análisis
   2. Diseño
   3. Construcción
   4. Implantación y aceptación
   5. Mantenimiento

5. **Complete la siguiente frase.**

Un buen estudio de viabilidad e **implantación** de un sistema de **calidad,** permitirá la **prevención** y control de **insumos,** evitando resultados defectuosos.

Elaboración de platos combinados y aperitivos

Ejercicios de autoevaluación
Unidad de Aprendizaje 1

1. Indica si las siguientes afirmaciones son verdaderas o falsas.

a. Por lo general, el plato combinado muestra preparaciones sencillas, rápidas y cómodas de elaborar.

- ■ **Verdadero**
- ■ Falso

b. El costo de los platos combinados y aperitivos dependerá tanto de su composición como de la calidad y tipo de alimentos que lo conforman.

- ■ **Verdadero**
- ■ Falso

c. Los denominados encurtidos tienen como elemento denominador común el uso del aceite de oliva.

- ■ Verdadero
- ■ **Falso**

2. El braseado es una de las técnicas utilizadas en la elaboración de los alimentos destinados a su servicio en platos combinados y aperitivos, caracterizándose por:

a. Someter a los géneros a un cocinado a fuego vivo o directo.
b. Someter a los géneros a un cocinado lento y prolongado en contacto con otros ingredientes de condimentación.
c. El uso de técnicas de fritura, siendo sumergida la pieza a cocinar en grasa vegetal o animal.
d. Todas las opciones son falsas.

3. Indica si las siguientes afirmaciones son verdaderas o falsas.

a. Los crackers son un tipo de canapé caliente.

- ■ Verdadero
- ■ **Falso**

b. Las tartaletas y basquillas permiten elaboraciones semilíqui-das.

- ◼ Verdadero
- ◼ **Falso**

c. La decoración con mantequilla es empleada tanto para ela-boraciones dulces como saladas.

- ◼ **Verdadero**
- ◼ Falso

4. El relevé...

a. ... describe las técnicas utilizadas en la transformación de los alimentos utilizados para la obtención de elaboraciones culinarias específicas.

b. ... es el documento utilizado para registrar los movimientos de alimentos entre departamentos, sin incluir el economato o almacén.

c. **... es el documento utilizado para anotar de forma exhaus-tiva, los géneros que entran y salen de cocina permitiendo valorar el consumo diario de materias primas.**

d. ... es el documento de registro periódico utilizado para el con-trol de existencias en el almacén.

5. Identifica las características asociadas al empleo de una técnica de emplatado clásica.

a. Las salsas serán servidas aparte, formen parte del elemento principal o sean un complemento del servicio. No servir salsa en el plato principal.

b. No se lleva a cabo el uso de moldes como timbales o aros en este tipo de emplatado.

c. **El género principal se coloca en la parte derecha del plato.**

d. La guarnición se coloca en la parte derecha del plato.

6. El corte denominado "paisana", asociado al servicio de patatas o verduras como el calabacín o la zanahoria se caracteriza por ...

    a. ... ser un corte en dados de 1 a 1.5 cm de grosor.
    b. ... ser un corte en tiras de 5 a 7 cm de longitud y 0.5 cm de grosor.
    c. ... ser un corte en lonchas de unos 0.3 cm de grosor.
    d. ... ser un corte en tiras de 3 a 5 cm de longitud y con un grosor inferior a los 0.3 cm.

7. El corte asociado al ganado vacuno denominado osso bucco, se obtiene de:

    a. El pecho
    b. El morcillo
    c. La cadera
    d. El lomo alto

8. ¿Qué tipo de composición se relaciona con la repetición de elementos principales con alternancia de otros menos importantes, creando un efecto dinámico y estimulante que capta mucho la atención?

    a. Composición oblicua
    b. Composición rítmica
    c. Composición simétrica
    d. Composición piramidal

9. Identifica cuál o cuáles de los siguientes factores influirán en todo proceso de regeneración.

    a. La temperatura y el tiempo
    b. El tiempo y la humedad
    c. El método o sistema de calentamiento, así, como su inercia.
    d. Todas las opciones son correctas.

10. Indica si las siguientes afirmaciones son verdaderas o falsas.

a. La acidez es un factor importantísimo para la conservación

■ **Verdadero**
■ Falso

b. En general, siempre se desechará cualquier conserva que presente olor, aspecto o sabor extraño.

■ **Verdadero**
■ Falso

Ejercicios de autoevaluación
Unidad de Aprendizaje 2

1. Indica si las siguientes afirmaciones son verdaderas o falsas.

a. El término de calidad supone un factor estratégico clave del que dependen la mayor parte de las organizaciones.

- ■ **Verdadero**
- ■ Falso

b. Diferentes clientes pueden tener diferentes conjuntos y niveles de requisitos respecto de una misma categoría de productos o servicios.

- ■ **Verdadero**
- ■ Falso

2. La calidad...

a. ... significa aportar valor al cliente.
b. ... se refiere a minimizar las pérdidas que un producto pueda causar a la sociedad humana, mostrando cierto interés por parte de la empresa a mantener la satisfacción del cliente.
c. ... se debe definir bajo la perspectiva de producto, usuario y valor.
d. **Todas las opciones son verdaderas.**

3. La calidad concertada se define como...

a. **...un acuerdo establecido entre el comprador y el proveedor.**
b. ... la máxima calidad de un producto.
c. ... la mínima calidad de un producto facilitada por un determinado proveedor.
d. ... la calidad general de todo producto frente a la compra.

4. Identifica cuál o cuáles de las siguientes premisas son FALSAS en torno a la implantación de la ISO 9001.

    a. Demostrar eficacia frente a las exigencias del cliente, evitando exigencias dadas por la normativa legal.

    b. Permite aumentar la confianza y satisfacción del cliente.

    c. Facilita la homologación de la empresa como posible proveedor para empresas específicas de los sectores de alimentación.

    d. Todas las opciones son falsas.

5. La BRC *Food Safety tiene como requisitos fundamentales los referidos a:*

    a. Trazabilidad

    b. Limpieza e higiene

    c. Gestión de alérgenos

    d. Todas las opciones son correctas.

6. Para obtener productos y servicios de calidad, es necesario:

    a. Conocer las necesidades del cliente.

    b. Diseñar un producto o servicio que cubra dichas necesidades.

    c. Realizar el producto o servicio de acuerdo al diseño

    d. Todas las opciones son correctas.

7. Los efectos de la calidad de un producto deben perseguir...

    a. ... aumento de costos.

    b. ... aumento de la productividad.

    c. ... la disminución de precios ofertados.

    d. ... eliminar la trazabilidad.

8. La verificación de los productos requiere...

    a. ... inspeccionar el proceso de entrada de materiales.

    b. ... inspeccionar todo el proceso.

    c. ... inspeccionar ensayos en los productos acabados.

    d. Todas las opciones son correctas.

9. En cuanto a la formación asociada al manipulador de alimentos...

    a. ... debe facilitar información sobre las instrucciones de trabajo a fin de garantizar la seguridad y salubridad de los alimentos.

    b. ... será general para todo manipulador.

    c. ... debe tener una duración mínima de dos horas.

    d. ... no requiere revisión, ni actualización periódica.

10. Las medidas de erradicación asociadas al control de plagas,...

    a. ... deben ser efectivas frente a cualquier especie.

    b. ... deben presentar una aplicación compleja.

    c. ... deben ser inocuas para las especies o seres vivos a las que no se refieran.

    d. ... deben generar resistencias.